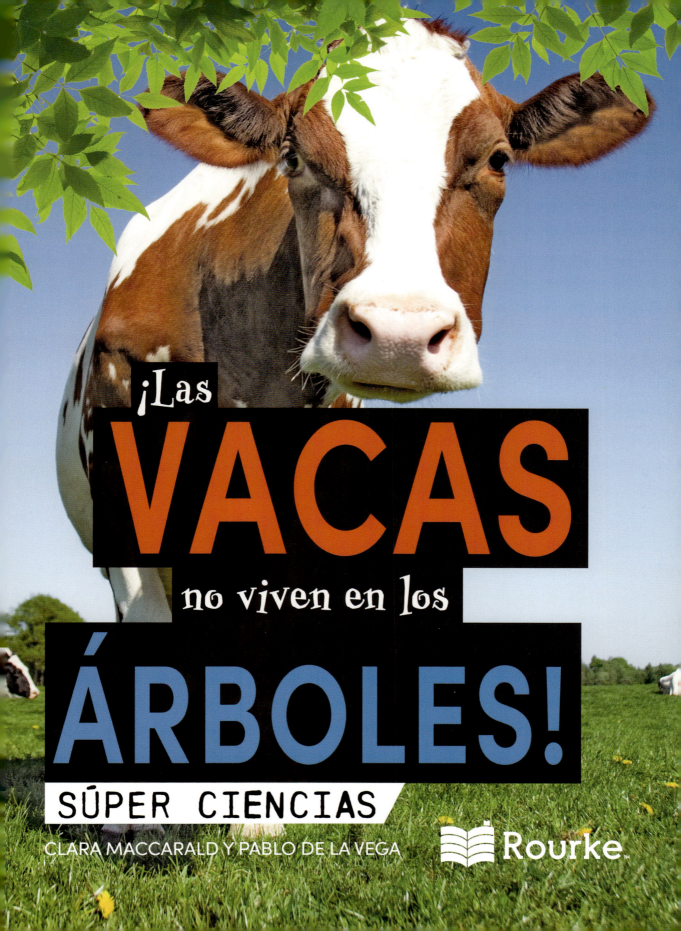

CONEXIONES de la ESCUELA a la CASA
DE ROURKE
ANTES Y DURANTE LAS ACTIVIDADES DE LECTURA

Antes de la lectura: *Desarrollo del conocimiento del contexto y el vocabulario*

Construir el conocimiento del contexto puede ayudar a los niños a procesar la nueva información y a usar la que ya conocen. Antes de leer un libro es importante utilizar lo que ya saben los niños acerca del tema. Esto los ayudará a desarrollar su vocabulario e incrementar su comprensión de la lectura.

Preguntas y actividades para desarrollar el conocimiento del contexto:

1. Ve la portada del libro y lee el título. ¿De qué crees que trata este libro?
2. ¿Qué sabes de este tema?
3. Hojea el libro y echa un vistazo a las páginas. Ve el índice, las fotografías, los pies de foto y las palabras en negritas. ¿Estas características del texto te dan información o te ayudan a hacer predicciones acerca de lo que leerás en este libro?

Vocabulario: *El vocabulario es la clave para la comprensión de la lectura*

Use las siguientes instrucciones para iniciar una conversación acerca de cada palabra.

- Lee las palabras del vocabulario.
- ¿Qué te viene a la mente cuando ves cada palabra?
- ¿Qué crees que significa cada palabra?

Palabras del vocabulario:
- *anfibios*
- *bambú*
- *branquias*
- *espinas*
- *hábitat*
- *pastizales*
- *presas*
- *trópicos*

Durante la lectura: *Leer para entender y conocer los significados*

Para lograr una profunda comprensión de un libro se anima a los niños a que usen estrategias de lectura detallada. Durante la lectura, es importante hacer que los niños se detengan y establezcan conexiones. Esas conexiones darán como resultado un análisis y entendimiento más profundo de un libro.

Lectura detallada de un texto

Durante la lectura, pida a los niños que se detengan y hablen acerca de lo siguiente:

- Partes que sean confusas.
- Palabras que no conozcan.
- Conexiones texto a texto, texto a ti mismo, texto al mundo.
- La idea principal de cada capítulo o encabezado.

Anime a los niños a usar las pistas del contexto para determinar el significado de las palabras que no conozcan. Estas estrategias los ayudarán a aprender a analizar el texto más minuciosamente mientras leen.

Cuando termine de leer este libro, vaya a la penúltima página para ver las **Preguntas relacionadas con el contenido** y una **Actividad de extensión**.

ÍNDICE

¡LAS VACAS NO SON ESCALADORAS!.. 4

¿LOS OSOS COMEN ÁRBOLES?......... 9

¿LAS LAGARTIJAS VIVEN
EN EL POLO SUR?................. 14

¡LOS OSOS PEREZOSOS
NO DEFECAN EN LOS ÁRBOLES!..... 18

ACTIVIDAD....................... 21

GLOSARIO........................ 22

ÍNDICE ALFABÉTICO............... 23

PREGUNTAS RELACIONADAS
CON EL CONTENIDO................ 23

ACTIVIDAD DE EXTENSIÓN.......... 23

ACERCA DE LA AUTORA............. 24

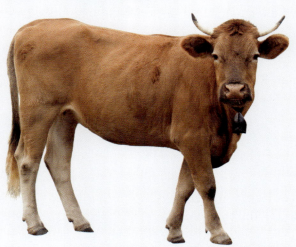

¡LAS VACAS NO SON ESCALADORAS!

Imagina que vas a una granja. ¿En qué parte buscarías a las vacas? ¡En los árboles no! ¿Pero por qué no?

Las vacas no escalan árboles. No tienen el tipo adecuado de patas. Además, comen sobre todo cosas que se encuentran a nivel del suelo, como el pasto.

Cabras de árbol
Las cabras comen prácticamente de todo y pueden escalar. Algunas cabras pasan tiempo en los árboles. ¡Cuidado abajo!

Igual que las vacas, cada tipo de animal vive en un lugar especial para él. Ese lugar especial es llamado **hábitat**. Los hábitats tienen los elementos que los animales necesitan.

Cada tipo de animal necesita cosas distintas. Comen cosas diferentes y sobreviven en distintos tipos de climas. ¡No esperarías que un elefante viviera en el mismo lugar que un oso polar!

El helado norte
Para cazar, los osos polares rondan los mares helados. Las focas tienen dificultad para verlos porque el pelaje de los osos se confunde con el hielo.

Los hábitats pueden ser lugares como desiertos, **pastizales** o lagos. Pueden ser tan grandes como un bosque o tan pequeños como un árbol. Un cuervo y una vaca no viven en el mismo hábitat aunque estén en la misma granja.

Almuerzo para llevar
Una garrapata puede vivir días en un venado. Mientras el venado camina por el bosque, la garrapata bebe su sangre.

¿LOS OSOS COMEN ÁRBOLES?

Todos los animales necesitan comida. Los animales deben vivir en hábitats que tengan el tipo de alimentos que ellos comen. Los animales que comen plantas viven en lugares donde pueden encontrar las plantas que les gustan. Los depredadores viven cerca de sus **presas**.

Los pelícanos hacen sus nidos en islas, cerca de los peces que comen.

Koalas exigentes
Los koalas comen casi siempre hojas del árbol del caucho, por eso viven ahí. ¡La cena queda a solo una corta escalada de distancia!

Algunos animales comen una pequeña variedad de cosas, o solo una cosa. ¿Qué pasaría si solo pudieras comer pizza el resto de tu vida? ¡Probablemente querrías vivir cerca de una pizzería!

Los pandas comen **bambú** y casi nada más. Los pandas solo pueden vivir en los bosques de bambú. Tendrían mucha hambre en cualquier otro lugar.

Los osos negros comen varias cosas. Comen fruta como tentempié. Pescan y comen algunos animales grandes que no son muy veloces para escapar.

Los osos negros viven en muchos lugares. Puedes encontrarlos en bosques, pastizales y desiertos. Los oso negros incluso pueden escalar árboles para buscar tentempiés, pero nunca verás a un oso negro escalando un cactus. ¡Auch!

¿Nidos de osos negros?
Muchos osos negros pasan el invierno en madrigueras. ¡Pero algunas personas han visto a osos pasar el invierno en nidos de águilas!

guarida de osos

¿LAS LAGARTIJAS VIVEN EN EL POLO SUR?

Una lagartija mascota podría usar un suéter. Pero las lagartijas salvajes no tienen ni lana ni pelaje para combatir el frío. En cualquier caso, no esperarías ver una lagartija en los lugares más fríos de la Tierra. ¡Una lagartija en el Polo Sur se convertiría en una paleta de hielo!

Paletas de rana
Las ranas de bosque pueden congelarse. Pasan el invierno como bloques de hielo, en la primavera se derriten ¡y vuelven a saltar!

Algunos reptiles y **anfibios** viven en hábitats con veranos cálidos y fríos inviernos. Al no poder volar para alejarse del invierno, como hacen las aves, muchos pasan el invierno bajo tierra, donde hace más calor. Hibernan en lo que esperan la primavera.

A algunos animales no les gusta mucho el calor. ¡Un peludo yak tendría demasiado calor en los **trópicos**!

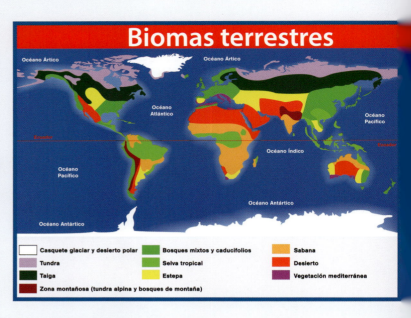

Los yaks salvajes viven en pastizales fríos y desiertos. Algunos viven en unas zonas sin árboles llamadas tundra.

Peces fuera del agua
El pez gato caminador puede respirar aire. Se vale de sus duras aletas para salir a la tierra en busca de un nuevo lago.

Los animales también deben evitar el frío o el calor excesivo. Además, necesitan respirar. Los animales de tierra respiran aire. Los peces respiran a través de sus **branquias**. La mayoría de los peces no pueden respirar fuera del agua y se secarían en tierra firme.

No esperarías encontrarte a un tiburón arrastrándose en el bosque. ¡O encontrar a un venado en la profundidad del océano!

¡LOS OSOS PEREZOSOS NO DEFECAN EN LOS ÁRBOLES!

Los animales necesitan comer y también necesitan evitar ser comidos. Una buena manera de mantenerse seguros es viviendo en el hábitat correcto.

Algunos insectos parecen hojas y tienen que vivir en o cerca de plantas. ¡Sería fácil verlos si vivieran en la playa!

Además de hojas, algunos insectos pueden parecer palos, flores o incluso, excremento de ave.

Vida en la ciudad
A los venados les encantan los parques urbanos y los jardines. Deben cuidarse de los autos, ¡pero al menos ahí no hay lobos!

Los animales que son presas necesitan de lugares para esconderse. A los conejos les gusta estar cerca de plantas bajo las cuáles refugiarse. Las ardillas necesitan árboles para escalarlos rápidamente, además usan hojas y palos para hacer nidos en los que puedan esconderse.

Muchas aves hacen sus nidos en los árboles, las hojas hacen que los nidos sean difíciles de ver. En el desierto, algunas aves hacen sus nidos en cactus. ¡Si alguien se los quisiera comer se llenaría la boca de **espinas**!

Algunas palomas se comen los frutos de los cactus. ¡Estas palomas hacen sus nidos tan cerca de su alimento como sea posible!

Los osos perezosos son presas y se mueven muy lentamente. Los depredadores no tendrían problemas cazándolos si estuvieran en el suelo. Por eso los osos perezosos solo bajan al suelo a defecar y pasan el al resto del tiempo en los árboles, manteniéndose seguros y comiendo hojas. ¡Los osos perezosos son como vacas que viven en árboles!

ACTIVIDAD

Haz un hábitat

Aprende más sobre un animal al recrear su hábitat en una caja.

Qué necesitas
- caja de zapatos u otra caja
- tijeras
- pegamento o cinta
- materiales de arte: papel de colores, marcatextos, palitos de manualidades, cortezas de árbol, pasto, algodón, arcilla, juguetes pequeños o cualquier otra cosa que tengas a la mano
- libros o sitios web sobre animales y sus hábitats

Instrucciones
1. Escoge un animal. Usa los materiales para manualidades para hacer el animal o usa un animal de juguete. Colócalo en la caja.
2. Encuentra libros o sitios web sobre tu animal. ¿Dónde vive? ¿Qué come? ¿Tiene depredadores de los que deba esconderse?
3. Haz un hábitat para tu animal. Usando tus materiales, haz comida, agua y un refugio para él. Puedes hacer árboles, arbustos, lagos o cualquier cosa que quieras. Pégalos con cinta o pegamento a los lados de tu caja, o en el fondo, manteniéndolos de pie.

Vacas marinas
Los manatíes son grandes animales marítimos. Se mueven lentamente. Comen plantas, como las algas. ¡La gente las llama vacas marinas!

GLOSARIO

anfibios: Animales de sangre fría y columna vertebral que viven en el agua cuando son jóvenes. Las ranas y los sapos son anfibios.

bambú: Una hierba que parece madera y que tiene un tallo hueco.

branquias: Las partes que se encuentran a cada lado de la boca de un pez y que le permiten respirar bajo el agua.

espinas: Puntas afiladas que salen de una planta.

hábitat: Un lugar donde vive una planta o un animal.

pastizales: Áreas abiertas y muy amplias cubiertas de pasto.

presas: Animales que son cazados por otros animales.

trópicos: Zonas de la Tierra que son muy calientes y que reciben mucha luz del Sol.

ÍNDICE ALFABÉTICO

cactus: 13, 19
lagartija(s): 14
nidos: 9, 13, 19
oso(s): 7, 9, 12, 13
osos perezosos: 18, 20
pez: 17
vaca(s): 4, 6, 8, 20
venado(s) 8, 17, 18

PREGUNTAS RELACIONADAS CON EL CONTENIDO

1. ¿Cómo sobreviven los reptiles al frío invierno?
2. ¿Qué comen los pandas?
3. ¿Por qué hacen nidos las ardillas?
4. ¿Por qué los osos perezosos viven en árboles?
5. ¿Qué hace que un cactus sea un buen lugar para que las aves hagan su nido?

ACTIVIDAD DE EXTENSIÓN

Visita un hábitat. Puede ser grande o pequeño. Puede estar en el campo o en la ciudad. Anota los nombres de los animales que te encuentres. ¿Puedes adivinar por qué están ahí? Busca libros que te den más información sobre esos animales. ¿Qué comen? ¿Qué animal se los come? ¿Les gusta estar calientes o fríos? ¿Viven en otros hábitats además de aquel donde los encontraste? Escribe algo acerca de cada animal que encontraste.

ACERCA DE LA AUTORA

Clara MacCarald vive en un bosque en el estado de Nueva York con su familia y todas las mascotas que no tuvo cuando era niña (cuatro gatos y dos perros). Escribe libros para niños sobre Ciencia e Historia. Algunos de sus libros son fuera de este mundo: ¡un par de ellos son sobre el planeta Marte! Cuando no está escribiendo, la puedes encontrar en compañía de su hija con orugas oso lanudo en sus manos o guiando sapos fuera de la entrada a su garaje.

© 2023 Rourke Educational Media

All rights reserved. No part of this book may be reproduced or utilized in any form or by any means, electronic or mechanical including photocopying, recording, or by any information storage and retrieval system without permission in writing from the publisher.

rourkebooks.com

PHOTO CREDITS: Cover, page 1: ©Acisak Mitrprayoon; page 3: ©Lalocracio; page 4: ©VLIET; page 5: ©re-publica; page 6: ©1001slide; page 7: ©Matt Pain; page 8: ©UrosPoteko; page 8b: ©Antagain; page 9: ©Richard Constantinoff; page 10: ©Dirk Freder; page 11: ©powerofforever; page 12: ©Sherran L. Pratt; page 13a: ©blazer76; page 13b: ©Lynn_Bystrom; page 14-15: ©dlewis33; page 14: ©Werner Schneider; page 16: ©Davor Lovincic; page 16b: ©ttsz; page 17: ©RamonCarretero; page 18a: ©SHAWSHANK61; page 18b: ©Winhorse; page 19: ©vivavado; page 20: ©Mikelane55; page 21: ©Amanda Cotton; page 22: ©Daniel Prudek

Editado por: Laura Malay
Diseño de la tapa e interior: Rhea Magaro-Wallace
Traducción: Pablo de la Vega

Library of Congress PCN Data

¡Las vacas no viven en los árboles! / Clara MacCarald
(Súper ciencias)
ISBN 978-1-73165-475-5 (hard cover)
ISBN 978-1-73165-526-4 (soft cover)
ISBN 978-1-73165-559-2 (e-book)
ISBN 978-1-73165-592-9 (e-pub)
Library of Congress Control Number: 2022940994

Rourke Educational Media
Printed in the United States of America
01-0372311937